DANIELA THIELE

Freundinnen
für immer

DANIELA THIELE

Freundinnen
für immer

THIELE  VERLAG

Meinen Freundinnen

Durch dick und dünn

Was wären wir ohne unsere Freundin?

Mit ihr besprechen wir die kleinen Kümmernisse und die großen Sorgen, mit ihr teilen wir die kleinen Geheimnisse und das große Glück. Freundinnen streiten sich und sind doch ein Herz und eine Seele. Sie verlieren sich aus den Augen; sie finden sich wieder und gehen miteinander durch dick und dünn.

An ihre erste »beste« Freundin wird sich jede Frau immer erinnern. Und auch an dieses überwältigende Gefühl, das wohl eins der weiblichen Urgefühle ist:

Freundinnen für immer!

Mit meiner ersten besten Freundin bin ich in die Bäume geklettert, wir haben Blutsbrüderschaft geschlossen und sind nachts heimlich auf den Friedhof geschlichen, um uns zu beweisen, daß wir keine Angst haben.

Wir hatten ein geheimes Buch, in das nur wir beide schreiben und malen durften und das anschließend sorgsam im Gartenhäuschen versteckt wurde. Wir waren jeden Nachmittag zusammen, etwas anderes war nicht vorstellbar. Wir haben uns nie gelangweilt. Sie und ich, das war ausschließlich, mehr brauchte es nicht. Das Leben war einfach und wie ein nicht enden wollender Sommertag.

Später kamen die Jungs. Dann die Männer. Und da waren gute Freundinnen so wichtig wie nie zuvor. Und dann auch wieder zum ersten Mal nicht so wichtig. Liebe und Freundschaft – zwei ewige Pole. Die Liebe alles auf den Kopf stellend, die Freundschaft der Fels in der Brandung, der vertraute Hafen, in den man zurückkonnte, wenn man Federn gelassen hatte – draußen, im Sturm. Ich habe nicht immer Glück gehabt mit meinen Männern, aber immer mit meinen Freundinnen.

Von meiner ersten Freundin ist nur die Er-
innerung geblieben an zwei kleine Mädchen,
zwischen die kein Blatt Papier paßte, und doch
war unsere Freundschaft der Grundstein für
wichtige und intensive Freundschaften, die
ich später schloß – mit Freundinnen, die ich
heute noch habe, und von denen ich hoffe,
daß ich sie für immer haben werde.

Djuna Barnes hat einmal den klugen Satz formuliert »Solange es Frauen gibt, wie sollte da etwas vor die Hunde gehen?« Und man möchte hinzufügen: Solange es Freundinnen gibt, wie sollte uns da etwas passieren?

Wer sonst, wenn nicht unsere Freundin, versteht uns, gibt uns niemals auf, verzeiht uns (fast) alles und läßt uns nicht im Stich, wenn's drauf ankommt.

Es gibt Zeiten, da braucht man mehrere Freundinnen. Und mit welcher Freundin man alt wird, entscheidet das Leben. Eins steht jedenfalls fest: Ohne Freundinnen wäre die Welt ärmer, kälter, schwerer zu ertragen, längst nicht so lustig und nur halb so schön.

Daniela Thiele

Freundschaft ist ein Glücksfall.

Gertrude Stein

Wo war Lolitas Freundin?

Zwölf Jahre ist Dolores Haze alt, als ihre ver-
witwete Mutter einen Untermieter im Haus
aufnimmt, einen Herrn Humbert Humbert
– selbst laut Autor Vladimir Nabokov »ein
besonders übelklingender Name«, und, wie
wir wissen: ein besonders übler Bursche. Er
ist scharf auf die Tochter, heiratet sogar die
Mutter, um dem kleinen Biest, genannt Lolita, näher zu sein und schreckt nicht mal vor
dem Gedanken an Mord zurück. Die Dinge
lösen sich von selbst: die Mutter verunglückt,
der Untermieter-Stiefvater kann sich jetzt in
aller »Sittsamkeit« der angeheirateten und
angebeteten Tochter nähern, aber letztlich:
sie ist es, die ihn verführt – nicht umgekehrt,
das wird leicht vergessen. Mit zwölf! Oder ist
sie da schon dreizehn? Sie kommt gerade aus
dem Ferienlager, und auch da hat sie schon

nichts anbrennen lassen. Ein frühreifes Gör, diese kleine Nymphe. Da fehlt ein Vater, da fehlt dann auch die Mutter, aber: da fehlt vor allem eine gute Freundin! Hätte Lolita eine wirkliche Freundin gehabt, so wie man sie in diesem Alter zum Kichern und Tratschen über erste sexuelle Erfahrungen und Wunschträume so dringend braucht – die ganze Sache mit Humbert Humbert hätte nicht so ausufern müssen und ihr weiteres Leben wäre nicht so verkorkst worden – wir hätten allerdings einen Weltbestseller weniger. Denn eine gute Freundin hätte frühzeitig gesagt: »Du spinnst wohl, Lolita, was willst du mit dem alten Knacker?« und die Sache wäre erledigt gewesen.

Wo war Lolitas Freundin? Nabokov hat ihr keine zugestanden. Wenn die Dichter Frauen scheitern lassen, dann gründlich, und da kann eine kluge Freundin nur stören. Ob das Gretchen oder Julia ist, ob Anna Karenina, Madame Bovary oder Effi Briest – weit und breit keine Freundin. Dabei wissen wir, wie rettend der Ratschlag guter Freundinnen sein kann! Wie nötig es ist, in Zeiten der Lebenskrisen mit der besten Freundin in der Küche Rotwein zu trinken, mit ihr eine Reise zu machen, schön zu kochen, die Kleider zu tauschen, den Mann, der einem gerade das Herz bricht, unbarmherzig klarsichtig von ihr beschreiben zu lassen »Wegen diesem Idioten weinst du dir die Augen dick? Guck dir den doch mal an! Was ist dran an ihm? Kannst du mir das sagen? Nein, das kannst du nicht!«

Wie wichtig wäre es für das arme, unerfahrene Gretchen gewesen, eine Freundin zu haben, die gesagt hätte: »Gut, dein Heinrich Faust ist Doktor, hat studiert, schenkt dir tollen Schmuck – aber ich bitte dich, Gretchen, er ist doppelt so alt wie du, also, wenn du mich fragst, will der von dir nur das Eine. Und sein

Freund, den er da immer bei sich hat – findest du den nicht ekelhaft?« Wir wissen es: Faust wollte nur das Eine, der Freund war nicht nur ekelhaft, sondern gleich der Leibhaftige selbst, und am Ende: Gretchen tot, Kind tot, Bruder tot, Mutter tot. Frau Marthe, die Kupplerin, hat das Ganze noch geschürt und kann nun wirklich nicht als Freundin bezeichnet werden, und es wäre sehr viel nützlicher gewesen, wenn Gretchen bei der nahenden Ohnmacht in der Kirche »Freundin, dein Fläschchen!« hätte sagen können anstatt dieses unpersönliche »Nachbarin, euer Fläschchen!« Denn danach war die Sache mit dem dicken Bauch nämlich rumgetratscht und die Schande perfekt.

Oder Julia, auch so ein junges unschuldiges Kind: verfeindete Familien, sie liebt ausgerechnet den, den sie nicht lieben darf, und alles geht schief – eine dusselige Amme, ein naiver Mönch, am Ende ist Romeo tot und Julia auch, und keine Freundin war da, bei der sie sich mal hätte ausheulen können. Shakespeare geizt mächtig mit Freundinnen – Lady Macbeth hat keine, die sie vor zuviel Ehrgeiz warnt, und auch Desdemona hat keine Freundin, die sich mal ihren eifersüchtigen Mann vorgeknöpft und gesagt hätte: »Grundguter Himmel, Othello, stell dich nicht so an, das war doch *mein* Taschentuch!« Damit wäre die Sache aus der Welt und der Mord an der armen Desdemona überflüssig gewesen. Es scheint, die großen Dichter haben Angst vor Frauenfreundschaften, die ihnen ihre tragischen Geschichten ruinieren könnten.

Schauen wir uns doch nur *Effi Briest*, *Emma Bovary* und *Anna Karenina* an – große Frauenromane, von Männern geschrieben. Die Schicksale ähneln sich: Alle drei heiraten den falschen Mann, langweilen sich, kriegen eine

Tochter, langweilen sich immer noch, verlieben sich, steigern sich geradezu wahnwitzig in diese Liebe hinein, und am Ende? Effi wird verstoßen, Emma schluckt Gift, Anna wirft sich vor den Zug. Wo wart ihr, gute Freundinnen? In Fontanes *Effi Briest* gibt es eine Sophie Zwicker, die nach einem Besuch bei der unglücklichen Effi an eine Freundin (sie hat wenigstens eine!) schreibt: »Wer mag nur der Crampas sein? Es ist unglaublich – erst selber Zettel und Briefe schreiben und dann auch noch die des andern aufbewahren! Wozu gibt es Öfen und Kamine?« Ja, völlig richtig – und warum nun hat Fontane die Zwicker nicht als Freundin ein paar Jahre früher rettend mit Effi im Salon sitzen und sagen lassen: »Was ist dieser Crampas? Bezirkskommandant? Pah! Los, du gibst mir jetzt sofort die Briefe von diesem Kerl und ich werde alles schleunigst verbrennen, sonst findet die dein Mann bloß noch und du kriegst einen Riesenärger!« Nein, keine gute Freundin weit und breit in diesem verklemmten Preußen, und was passierte? Effis Mann fand die Briefe, wenn auch erst Jahre später, fühlte sich in seiner Ehre gekränkt – was immer das sein mag – und peng, Crampas tot, Effi verstoßen, Kind entfremdet.

Warum ließ Flaubert seine Emma Bovary so allein auf dem Land vermodern, mehr Opfer einer allzu romantischen Phantasie als wirklich tragische Heldin? Diese ganzen Affären mit Rodolphe und Léon wären nicht nötig gewesen, wenn ab und zu mal eine Freundin gesagt hätte: »Emma, mach dich nicht unglücklich, dein Charles liebt dich, du liest einfach zuviele schlechte Liebesromane! Wach auf, das Leben ist nicht so, wie du es erträumst!« Freundinnen können ja so wunderbar handfest, drastisch und ehrlich sein – und schon wäre Emma gerettet gewesen.

Und Anna Karenina – wie kühn sie den Mann, das Kind, ja, die Gesellschaft verläßt, für einen, der es gar nicht wert ist! Ach, arme Anna, ich hätte dir Vronskijs beschränkten Charakter erklären können – der Mann wollte doch nur eine interessante Affäre mit dir, aber daß du deinen Mann für ihn verlassen hast, war ihm genau die Nummer zuviel! Gab es denn in ganz Rußland keine Frau, die dir das hätte stecken können? Doch, bestimmt. Aber Tolstoi hat dir extra keine über den Weg geschickt, schließlich wollte er keine Kurzgeschichte schreiben, sondern einen dicken Roman ...

Wo war übrigens die gute Freundin, die Tony Buddenbrook mal eine anständige Portion Bratkartoffeln serviert und sie vor ihren beiden entsetzlichen Ehen mit den Herren Grünlich und Permaneder hätte warnen können?

Oh, ihr Dichter! Ihr seid entweder besonders boshaft oder gänzlich ahnungslos - entweder wollt ihr diese Frauen wie dumme Hühner ins Verderben rennen lassen und wißt, daß euch eine kluge, beherzte Freundin einen Strich durch eure langen Werke gemacht hätte, oder ihr wißt einfach nicht, was das ist - Frauenfreundschaft, weil ihr denkt, es wäre dasselbe wie Männerfreundschaft (Puff gehen, Skat spielen, vom Krieg erzählen oder so). Da schickt ihr Väter, Brüder, Ehemänner vor, die über die Moral der Frauen wachen und bitter Rache üben, wenn etwas nicht ihren Vorstellungen entspricht.

Schickt doch nur einmal eine gute Freundin, und die größten Torheiten müßten nicht stattfinden! Aber ich weiß schon, wo keine Torheiten, da keine Romane, wo keine Romane, da kein Weltruhm, und so fällt sie unter den Tisch, die beste Freundin, weil sie ausgesprochen hätte, was all diese schaurigen Frauenleben hätte zum Besseren wenden können: »Effi – (wahlweise Emma, Anna, Gretchen, Julia usw.), hör auf zu heulen, hier, putz dir die Nase, wir gehen jetzt groß aus, nur wir beide, und dann reden wir überhaupt nicht mehr von diesem blöden Crampas (wahlweise Léon, Vronskij, Faust, Romeo usw.) und morgen, das wirst du sehen, sieht die Welt schon wieder ganz anders aus!«

Aber: keine Freundin, kein Morgen, dafür viele fabelhaft zu Tränen rührende Geschichten. Auch gut. Und wir wissen ja: das Leben ist nicht die Literatur. Das Leben hält immer eine gute Freundin bereit, was für ein Glück.

Elke Heidenreich

Wenn du nicht weiter weißt,
wenn du an dir selbst zweifelst,
wenn du traurig bist,
ganz ohne Grund,
wenn du jemanden brauchst,
der dich aufbaut,
der an dich glaubt,
der mit dir lacht,
dich in den Arm nimmt
und dem du alles sagen kannst,
dann ist sie da:
Deine Freundin.

Freundinnen für immer

Heute morgen in der Schule hab ich allen von meinem neuen Meerschweinchen erzählt. Meine Freundin Louisa hat gesagt, cool, dann können wir ja am Nachmittag ein Meerschweinchentreffen machen und gucken, wie sich unsere Meerschweinchen vertragen. Aber Nadine, das ist das älteste Mädchen aus unserer Klasse, hat die Nase gerümpft und gesagt:

»Pah, Meerschweinchen. Wie langweilig. Die sind doch strohdumm und wollen den ganzen Tag nur fressen. Ich finde Hunde besser. Oder ein Pony.«

Nadine hat einen Hund *und* ein Pony. Ihre Eltern haben ein Riesenhaus mit einem noch riesigeren Grundstück, das sogar bis zu einem kleinen Bach geht. Nadine hat erzählt, der Bach gehört auch ihnen. Ein eigener Bach, das muß man sich mal vorstellen! Und so heißen sie auch – von Altbach. Die sind nämlich echt adelig und sehr, sehr reich. Deswegen kann Nadine auch so viele Tiere haben, wie sie will, und wenn sie von der Schule kommt, reitet sie erst mal auf dem Pony eine Runde durch ihren Garten.

»Mein Meerschweinchen ist überhaupt nicht langweilig«, hab ich zu Nadine gesagt. »Es hat mich heute morgen schon ganz freundlich begrüßt, als ich ihm Salat gegeben hab.«

»Haha, begrüßt«, hat Nadine gesagt. »Das ist dem Meerschweinchen doch piepegal, wer ihm den Salat gibt. Mein Hund, *der* begrüßt mich, wenn ich nach Hause komme. Aber ein Meerschweinchen ist viel zu doof, um sich zu merken, daß du es bist.«

Sie hat sich an die Stirn getippt. »Zu doof, kapierst du?«

»Nicht so doof wie du«, hab ich geschrien, und da hat Nadine angefangen ganz laut zu heulen. Sie hat nämlich im letzten Diktat noch zwei Fehler mehr gehabt als ich und hat jetzt eine Nachhilfelehrerin.

Da ist die Tür aufgegangen, und Frau Himmelreich, unsere Religionslehrerin, ist in die Klasse gekommen. »Was ist denn das für ein Geschrei hier«, hat sie gefragt, und Nadine hat noch lauter geheult und gesagt: »Nini hat gesagt, ich wär dümmer als ihr Meerschweinchen!«

Nadine ist eine richtige Petze, finde ich.

»Und Nadine hat gesagt, Fanngoch ist dümmer als ihr Hund«, hab ich geschrien.

»Wer ist van Gogh?« hat Frau Himmelreich gefragt, und die kleine runde Brille ist ihr ein bißchen von der Nase gerutscht.

»Mein Meerschweinchen«, hab ich gesagt. »Und es ist sehr intelligent.«

»Ist es nicht«, hat Nadine gerufen.

»Woher willst denn *du* das wissen«, hat Louisa da gesagt, »du hast ja nicht mal ein Meerschweinchen.« Louisa ist meine beste Freundin und sie hält immer zu mir.

»Wenn ich will, hab ich morgen drei Meerschweinchen«, hat Nadine mit triumphierender Stimme geschrien und sogar vergessen weiter zu heulen.

»Schluß jetzt!« hat Frau Himmelreich gerufen. Sie hat ganz böse geguckt und gesagt, wir sollen sofort aufhören zu streiten, und sie hat keine Lust über unsere Intelligenz oder die Intelligenz von Meerschweinchen zu reden, und überhaupt sollen wir uns jetzt alle auf unsere Plätze setzen, weil sie etwas Wichtiges mit uns besprechen will.

Da haben wir uns alle schnell hingesetzt und Frau Himmelreich neugierig angeschaut.

»Also, Kinder«, hat Frau Himmelreich gesagt. »Wer von euch geht denn nächstes Jahr mit zur Kommunion?«

Alle aus meiner Klasse haben den Finger gehoben, außer den drei Evangelisten, die wir in der Klasse haben. Und natürlich Murakh. Der hat auch nicht aufgezeigt und Samira auch nicht, die beiden kommen nämlich aus Marokko, und da glaubt man an Buddha oder Allah.

Frau Himmelreich hat gesagt, die Kommunionkinder müssen nach den Ferien einmal in der Woche zum Kommunionsunterricht, aber dafür bekommen sie am Ende dann auch einen Tag frei, wenn die anderen zur Schule müssen.

Frederik hat »Hey, hey!« gerufen und die Hände über dem Kopf zusammen geklatscht, weil er sich so gefreut hat, einen Tag extra frei zu bekommen. Frederik geht nicht sehr gern zur Schule und möchte später mal berufsfrei werden. Das hat er mir jedenfalls erzählt, als ich mal bei ihm eingeladen war. Er hat einen ganz teuren Mikroskopkasten von seinem Papa geschenkt bekommen, und wir haben den ganzen Nachmittag damit gespielt und Spinnen und Gräser untersucht. Und dann hab ich gesagt, ich wünsch mir auch so einen Mikroskopkasten, und wenn ich groß bin, werd ich Erfinderin, und dann erfinde ich einen Beamer, mit dem man sich von einem Ort zum anderen beamen kann.

»Erfinder, nö, das ist mir viel zu anstrengend«, hat Frederik da gesagt, »wenn ich groß bin, werd ich berufsfrei, und dann guck ich den ganzen Tag Kinderkanal und esse saure Apfelringe.«

Auf jeden Fall hat er an diesem Morgen immer weitergeklatscht und »hey, hey« gesungen, und Frau Himmelreich hat gesagt, er soll

aufhören zu randalieren, sonst muß er nach-
sitzen.

Da war Frederik ganz schnell ruhig, und
ich mußte kichern.

»Und außerdem«, hat Frau Himmelreich
noch gesagt, und dabei hat sie mich und Nadine und Louisa der Reihe nach streng angeguckt, »sind Kommunionkinder besonders liebe Kinder, die sich nicht streiten und andere
Leute beleidigen.«

Dann war die Stunde um, und wir sind auf
den Schulhof gerannt. Wir sind zusammen-
gestanden und haben überlegt, was wir uns
alles wünschen können. Ich hab gesagt, ich
wünsch mir das große Puppenhaus für meine
Barbies, Frederik hat gesagt, er wünscht sich
nur Gameboy-Spiele, Amelie hat gesagt, sie
wünscht sich, daß ihre Mama wieder gesund
wird und vielleicht noch eine ganz kleine Hals-
kette, und da hat Nadine gleich trompetet, sie

wünscht sich eine ganz dicke Goldkette und noch ein Kettenkarussell für den Garten.

»Und ich wünsch mir, daß du endlich die Klappe hältst, du alte Angeberin«, hat Louisa gesagt und Amelie untergehakt. »Wünsch dir doch gleich ein ganzes Schloß.«

»Das tu ich vielleicht auch!« hat Nadine frech zurückgeschrien.

In der letzten Stunde haben wir unsere Mathearbeit wiederbekommen. Und da hat sich Nadine vielleicht gewünscht, daß sie sich besser was anderes gewünscht hätte. Ich hab nur eine Aufgabe falsch gehabt, und das Fräulein Fuchs hat unten auf die Seite geschrieben »Prima, Nini!« , und ich hab mich riesig gefreut, weil Mama sich immer Sorgen macht wegen der Schule, und dann will sie manchmal mit mir üben, obwohl sie sich eigentlich lieber ausruhen möchte, und nachher schreit sie dann rum und sagt, ich soll aufhören auf dem Stuhl rumzuhampeln und mich konzentrieren und daß sie sich was Schöneres vorstellen kann, als mit mir zu üben, und am Ende heule ich und sage, ich bin die Kleinste hier, und alle hakken auf mir rum. Und dann heult Mama auch und sagt, es sind die Nerven, und sie hat mich auf jeden Fall ganz lieb, egal ob ich gute oder schlechte Noten schreibe, und daß es früher viel einfacher war, ein Schulkind zu sein.

Als ich nach Hause gekommen bin, war Mama schon da. Es gab Spaghetti mit Lieblingssauce, und ich hab gedacht, wie schön das Leben ist.

»Mama, ich hab eine ganz tolle Mathearbeit geschrieben, guck mal«, hab ich gesagt und ihr mein Heft gezeigt.

»Wow!« hat Mama gerufen. »Da bin ich aber stolz auf dich!«

Sie war so vergnügt, daß sie leise gesummt hat, als sie die Spaghetti auf die Teller gefüllt hat.

»Und es gibt noch eine gute Neuigkeit, Mama«, hab ich gesagt und sie angestrahlt. »Stell dir vor, ich bin jetzt ein Kommunionkind. In unserer Klasse gehen nächstes Jahr alle zur Kommunion.« Und dann hab ich Mama von der Religionsstunde erzählt und von dem Unterricht und was ich mir wünsche.

Mama hat mich ganz komisch angeguckt, und je begeisterter ich erzählt hab, desto komischer hat sie geguckt.

»Aber Nini«, hat sie schließlich gesagt. »Du bist doch noch gar nicht getauft, und wenn man nicht getauft ist, kann man auch nicht mit zur Kommunion gehen.«

»Aber Mama«, hab ich gesagt. »Wieso bin ich denn nicht getauft?« Ich weiß nämlich, daß man schon als kleines Baby getauft wird, und vielleicht hatte Mama das bloß vergessen.

»Tja weißt du, Nini«, hat Mama langsam gesagt. »Als dein Papa und ich uns getrennt haben, da warst du noch sehr klein. Und dann haben wir sehr viel Streit gehabt, und es war schwierig, zusammen eine Taufe zu feiern. Und so ist es immer weiter verschoben worden.«

»Dann muß ich eben jetzt getauft werden«, hab ich gesagt, und meine Unterlippe hat angefangen zu zittern. »Ich will auch zur Kommunion. Alle aus meiner Klasse gehen zur Kommunion.«

»Warum willst du denn so unbedingt zur Kommunion gehen«, hat Mama lächelnd gefragt. »Nur wegen der Geschenke?«

»Nein, nicht nur«, hab ich gesagt, obwohl die Geschenke natürlich schon wichtig sind. »Aber ich will ja schließlich auch wissen, was ich bin. Ich meine – bin ich katholisch oder evangelisch oder Vegetarier? Ich muß doch wissen, was ich bin. Bin ich ein Heidenkind, Mama?« hab ich entsetzt gefragt. »Komm ich jetzt nicht in den Himmel?«

Da hat Mama gelacht und gesagt, ich wäre ihr kleiner Engel, und natürlich komme ich in den Himmel, aber hoffentlich noch nicht so bald, und wenn ich zur Kommunion gehen will, dann fragt sie mal nach, wie wir das hinkriegen.

»Seid ihr dann beide bei der Taufe dabei, der Papa und du?« hab ich aufgeregt gefragt. »Oder machen wir die Taufe zweimal?«

Mama hat den Kopf geschüttelt. »Nein, es gibt nur eine Taufe, und da ist der Papa dann natürlich auch dabei.« Sie hat gelächelt, aber trotzdem hat sie nicht so ausgesehen, als ob sie sich freut.

Das letzte Mal, als Mama und Papa zusammen mit mir gefeiert haben, das war bei meiner Einschulung, und das ist jetzt schon drei Jahre her.

Wir sind am Morgen mit getrennten Autos zur Schule gefahren. Ich glaub, ich war das einzige Kind auf dem Schulhof, das zwei Schultüten hatte – eine von der Oma Frieda, das ist die Mama von meinem Papa und eine von Mamas Mama, der Oma Anna.

Eigentlich ist es ein schöner Tag gewesen, und ich hab sogar noch ein Foto, wo ich mit meinen zwei Schultüten zwischen Mama und Papa stehe und beide lächeln. Aber am Ende der Feier ist Papa noch mit an Mamas Auto gekommen. Ich bin schon eingestiegen, aber dann haben sie angefangen sich ganz fürchterlich zu streiten.

Ich hab im Auto gesessen und mir die Ohren zugehalten und hab gehofft, daß die Schreierei da draußen endlich aufhört. Und ich hab plötzlich gedacht, daß Erwachsene doch nicht so klug sein können, wie ich immer geglaubt hab, wenn sie sich so streiten, viel schlimmer als Kinder sich streiten. Es ist das erste Mal gewesen, daß ich froh war, daß Mama und Papa nicht mehr in einer Wohnung wohnen. Jeden Tag diese Schreierei, das könnte ich nicht aushalten.

Schließlich hatten offenbar alle genug geschrien, und ich bin mit Mama und Oma Anna nach Hause gefahren.

Und seitdem feiern wir wieder getrennt, und Mama und Papa sprechen nur über Termine, und sagen »Guten Tag« und »Auf Wiedersehen«, und »Viel Spaß« und »Bis nächstes Mal«, wenn Papa mich abholt und zurückbringt.

Nach dem Essen hab ich gehört, wie Mama telefoniert hat und dann ist sie die Treppe hochgekommen, und ich bin schnell wieder an meinen Schreibtisch geflitzt und hab so getan, als ob ich Schularbeiten mache.

»Also, Nini«, hat Mama gesagt.

»Ja?« hab ich gefragt, und ich bin ganz aufgeregt gewesen.

»Mit der Taufe, das ist kein Problem«, hat Mama gesagt, und sie hat sich auf mein Bett gesetzt. »Es gibt öfter Kinder, die erst kurz vor ihrer Kommunion getauft werden.«

»Ach Mama«, hab ich gesagt. »Das ist ja toll! Dann gibt es ja sogar zwei Feste! Und es kommen auch wirklich alle? Die ganze Familie?«

Mama hat genickt und na klar gesagt, und da bin ich zu ihr gesprungen und hab sie umarmt. »Und kann Louisa dann auch kommen zu meiner Taufe?« hab ich gefragt.

Mama hat gelacht.»Natürlich kann Louisa auch kommen. Und nun mach schön deine Hausaufgaben, Nini.«

Mama ist wieder nach unten gegangen, und ich bin so vergnügt gewesen, daß ich gar nicht mehr ordentlich schreiben konnte. Irgendwie sind die Buchstaben immer über die Linien gehüpft. Als ich fertig war, hab ich mir Fanngoch geschnappt und bin rüber zu Louisa wegen unserem Meerschweinchentreffen und um ihr die guten Neuigkeiten zu verkünden.

»Louisa, stell dir vor, ich werde bald getauft, und du kannst auch zur Feier kommen«, hab ich gerufen.

»Cool«, hat Louisa gesagt, und wir haben die beiden Meerschweinchen draußen im Garten in das Gehege gesetzt. »Ich kann mich an meine Taufe gar nicht mehr erinnern, da war ich noch ganz klein. Wieso wirst du erst jetzt getauft?«

»Na ja«, hab ich gesagt. »Als ich noch klein war, da haben sich meine Eltern ja gerade getrennt. Und da hatte keiner Lust auf eine Taufe, weil alle sich immer nur gestritten haben.«

»Ach so«, hat Louisa gesagt und ihrem Meerschweinchen einen Stups gegeben, damit es zu Fanngoch hoppeln sollte. »Meine Eltern streiten sich auch manchmal. Einmal ist Mama sogar mit Jacques und Daniel und mir zu meiner Oma gefahren. Sie hat geweint und zu Oma gesagt, es reicht, und sie läßt sich nicht alles gefallen, und jetzt ist Schluß, aus, Ende, und sie hätte auf ihren Vater hören sollen und den Otto heiraten.« Louisa hat angefangen Grashalme zu rupfen.

»Und dann?« hab ich gefragt und Fanngoch ein Stück Möhre hingehalten.

»Dann hat Papa Mama Blumen geschenkt, und sie haben sich wieder vertragen.« Louisa hat sich einen Grashalm in den Mund gesteckt und eine Weile nachdenklich darauf rumgekaut. Dann hat sie sich ins Gras fallen lassen und gesagt: »Erwachsene! Erwachsene sind komische Menschen. Können die sich das nicht mal vorher überlegen, wen sie heiraten?«

Ich hab mich auch ins Gras fallen lassen.

»Meine Mama sagt immer, sie und Papa haben sich auch mal ganz lieb gehabt, aber dann, nach vielen Jahren oder so, war jeder plötzlich anders geworden, und da haben sie nicht mehr zusammengepaßt und über alles gestritten, und da war die Liebe verschwunden, peng, einfach so.«

Ich hab mich zu Louisa umgedreht und auf ihre rotgoldenen Locken geschaut, um die ich sie sehr beneide, denn meine Haare sind ganz glatt und viel dunkler.

»Meinst du, wir beide streiten uns auch mal so, daß wir nicht mehr zusammenpassen?« hab ich sie gefragt.

Louisa hat energisch den Kopf geschüttelt. »Nein, niemals«, hat sie gesagt. »Wir sind doch beste Freundinnen.«

Sie hat einen Zweig vom Rasen aufgehoben und ihn ganz hoch gehalten, und dann hat sie gesagt, das ist der Zweig der ewigen Freundschaft, und sie hält ihn jetzt eine Viertelstunde in die Luft, und dann sind wir Freundinnen für immer.

Ich fand das sehr beruhigend, denn Louisa ist ja meine beste Freundin, und wenn wir mal groß sind, werden wir zusammen in eine kleine Wohnung ziehen und uns Vanillepudding kochen, soviel wir wollen, und uns abends gemütlich aufs Sofa setzen und alle unsere Lieblingsfilme gucken, ohne daß jemand kommt und sagt »Jetzt aber ins Bett mit euch!«

So haben wir beide auf der warmen Wiese gelegen und beschwörend auf den Zweig der

Freundschaft geguckt, und der Himmel war ganz blau.

Nach einer Weile hat Louisa gesagt, ihr Arm ist schon ganz lahm, und jetzt ist die Viertelstunde um und die Sache ist abgemacht.

Wir haben wieder nach den Meerschweinchen geschaut, aber Fanngoch war in der einen Ecke vom Gehege und Fefe, so heißt Louisas Meerschweinchen, in der anderen.

»Ist Fanngoch eigentlich schon getauft?« hat Louisa gefragt.

»Noch nicht so richtig«, hab ich gesagt, »aber das ist eine tolle Idee, wir taufen ihn sofort.«

Louisa hat genau gewußt, wie das mit der Taufe geht, denn ihr kleiner Bruder, der Jacques, ist auch vor ein paar Jahren getauft worden. Jacques hat genauso goldblonde Locken wie Louisa und früher haben ihn alle Apricot Fred genannt, weil seine Haare so ausgesehen haben wie eine Aprikose.

»Also«, hat Louisa gesagt. »Wir brauchen Wasser und Penatencreme. Das Wasser schütten wir über Fanngoch, und dann muß er noch ein bißchen Creme auf die Stirn kriegen. Das nennt man Salbung.«

Dann hat sie die Stirn gerunzelt. »Allerdings weiß ich nicht, ob es mit normalem Wasser aus der Leitung geht, das ist vielleicht nicht heilig genug.«

Ich bin schon ganz enttäuscht gewesen, weil die Taufe nun vielleicht doch nicht stattfinden würde, aber dann ist Louisa aufgesprungen und hat gerufen: »Wir machen es mit Sekt! Das geht auf jeden Fall. Schiffe werden auch mit Sekt getauft!«

Wir sind ins Haus gelaufen, und Louisa hat gesagt, ich soll ihre Mutter ablenken, damit sie eine Flasche Sekt aus dem Keller holen kann und die Penatencreme aus dem Badezimmer.

Louisas Mutter stand in der Küche und hat gebügelt. »Na, Kinder«, hat sie gefragt. »Spielt ihr schön?«

»Ja«, haben wir gerufen.

»Nini wird bald getauft«, hat Louisa gesagt und ist zur Kellertür gegangen.

»Soso, das ist ja schön«, hat Frau Lück gesagt. »Da freust du dich sicher schon.«

»Ja«, hab ich gesagt. »Louisa ist auch eingeladen.«

Frau Lück hat freundlich genickt und an einem Hemd herumgebügelt. »Dann mußt du uns aber noch sagen, was du dir wünschst als Taufgeschenk.«

Ich hab genickt und mich gefreut. Ich hab gar nicht gewußt, daß man zur Taufe auch noch Geschenke kriegt. Louisa ist gar nicht mehr aus dem Keller gekommen, weil sie ja an ihrer Mama vorbei mußte. Und da hab ich gesagt: »Frau Lück, willst du mal mit mir in den

Garten gehen und mein neues Meerschweinchen anschauen?«

Louisas Mutter hat das Bügeleisen abgestellt und gesagt, solange Jacques noch schläft und keinen Unfug macht, kommt sie eben mal mit raus.

Ich hab ihr mein Meerschweinchen gezeigt und gesagt, daß es Fanngoch heißt, weil ihm ein Stück vom Ohr fehlt.

»Nun«, hat Frau Lück gesagt, »das ist ein sehr ungewöhnlicher Name für ein Meerschweinchen, malt es denn auch?«

»Nein, noch nicht«, hab ich gesagt, »aber vielleicht lernt es das noch.« Dann hab ich gesehen, wie Louisa mir vom Haus aus zugewunken hat, sie hatte die Flasche unter ihrer Strickjacke versteckt, und da hab ich zu Frau Lück gesagt, jetzt soll sie besser weiter bügeln, sonst wird ihr Bügeleisen noch ganz kalt.

Frau Lück hat gelacht, und dann hat sie gefragt, ob wir Apfelkuchen haben möchten und Limonade.

Kurze Zeit später ist sie mit einem Tablett nach draußen gekommen, und Louisa hat schnell die Sektflasche hinter einen Busch geworfen und sich auf die Dose mit der Penatencreme gesetzt.

Jetzt hatten wir sogar ein richtiges Festmahl.

»Puuh, geht die schwer auf«, hat Louisa gesagt, die inzwischen die Flasche wieder aus dem Busch gezogen hatte, und mit ihrem Taschenmesser an dem Sektkorken rummachte.

»Ich glaub, du mußt sie schütteln, dann geht es ganz leicht«, hab ich gesagt.

Louisa hat die Flasche wie verrückt geschüttelt, und dann hat sie wieder energisch gegen den Korken gedrückt, und plötzlich ist der Korken mit einem lauten Knall nach oben gesaust, direkt gegen Louisas Stirn.

»Au!« hat Louisa geschrien, während der Sekt über ihre Hand gesprudelt ist. »So ein Mist!«

»Paß auf, sonst läuft noch das ganze Taufwasser raus«, hab ich gerufen und Louisa die Flasche aus der Hand genommen. »Was muß ich tun?«

Louisa hat sich Stirn gerieben. »Du mußt sagen, ich taufe dich auf den Namen Fanngoch, und dann schüttest du die Flasche über ihn.«

Ich bin zu der Seite vom Gehege gegangen, wo Fanngoch ganz friedlich saß. Er hat neugierig nach oben geschaut und in die Luft geschnuppert, wahrscheinlich hat er gedacht, es gibt wieder etwas zu fressen.

»Ich taufe dich auf den Namen Fanngoch«, hab ich ganz feierlich gesagt, und dann hab ich die Flasche über Fanngoch ausgeleert.

Fanngoch ist entsetzt zur Seite gesprungen, aber ich hab die Flasche so gehalten, daß sie immer über ihm war. Fanngoch hat sich platt auf den Rasen gelegt wie ein kleiner Bettvorleger, und sein Fell war ganz naß. Ich glaube, ihm ist auch ganz feierlich zumute gewesen, denn er hat sich gar nicht mehr gerührt.

»Jetzt bist du getauft, kleiner Fanngoch«, hab ich gesagt, »und wenn du mal stirbst, kommst du in den Himmel.«

»Und jetzt feiern wir«, hat Louisa gesagt und sich den Apfelkuchen in den Mund gestopft. »Hmm, lecker!« hat sie gerufen, und ein paar Krümel sind ihr aus dem Mund geflogen. »Echt cool, so eine Taufe, ich freu mich schon auf deine!«

Wir haben noch ein bißchen gefeiert, und dann wurde es langsam kühl, und Frau Lück hat gerufen, daß Louisa jetzt reinkommen soll.

Louisa ist aufgestanden, und da haben wir die Penatencremedose gesehen, die noch im Gras lag. Die Salbung hatten wir ganz vergessen. In diesem Moment ist Frau Lück rausgekommen und hat die leere Flasche gesehen.

»Was ist *das* denn?!« hat sie gerufen. »Ihr trinkt doch nicht etwa Sekt?!«

»Nein, Mama«, hat Louisa schnell gesagt. »Wir haben doch nur Ninis Meerschweinchen getauft.«

»Mit Sekt?!« Frau Lück hat nicht so begeistert ausgesehen.

»Ja, Mama, wie bei der Schiffstaufe«, hat Louisa leise gesagt.

»Na, also weißt du, Louisa, du kannst dir doch nicht einfach Sekt nehmen, ohne mich zu fragen. Was denkst du denn?«

Da haben wir ganz zerknirscht geguckt und wir haben gesagt, wir können ja neuen Sekt kaufen von unserem Taschengeld.

»Aber guck doch mal, Frau Lück«, hab ich gesagt, »wie Fanngoch sich freut, weil er jetzt getauft ist!«

Wir haben alle in das Gehege geguckt. Und wirklich, Fanngoch ist wie verrückt im Kreis herumgelaufen und hat sich alle paar Sekunden zur Seite fallen lassen. Es hat ausgesehen, als ob er einen Freudentanz macht.

Frau Lück hat gelacht, obwohl sie eigentlich streng sein wollte, und dann hat sie gesagt, es wäre das erste Mal in ihrem Leben, daß sie ein betrunkenes Meerschweinchen sieht.

Aber ich glaube, daß Fanngoch einfach nur glücklich war. So glücklich wie ich an diesem Tag.

Sophie Scherrer

Zehn Gründe, warum man mit einer Freundin so gut verreisen kann

- Sie läßt dich in Ruhe Auto fahren.
- Sie möchte auch am liebsten im Bett frühstücken.
- Sie fragt nicht, was du solange im Bad machst.
- Sie liegt stundenlang auf der Liege und langweilt sich nicht.
- Sie geht mit dir durch hundert Geschäfte, ohne zu streiken.
- Sie hat im selben Moment Lust auf einen Milchkaffee.
- Sie redet mit dir.
- Sie läßt dich abends im Ruhe lesen.
- Sie versteht, warum du für ein Sommerkleid ein Vermögen ausgeben mußt.
- Sie versteht auch sonst alles.

Gut gegen Liebeskummer

Das beste Mittel
gegen Liebeskummer
ist eine Freundin,
die sich deine ganze Geschichte anhört
und dann sagt:
Du bist viel zu nett für diesen
Blödmann!

Ohne dich ...

Ohne dich
wäre ich manchmal sowas von aufgeschmissen,
würde ich oft genug den Mut verlieren.
Ich würde mir die falschen Kleider kaufen
und hätte niemals beim Waldlauf durch-
gehalten.

Ohne dich
hätte ich keinen, den ich sofort anrufen kann
und keinen, der mir sagt:
Das ist doch normal. Das geht uns allen so!

Ohne dich

würde ich keine Tafel Schokolade im
Briefkasten finden
mit einem Schade-du-warst-nicht-da-Zettel.
Und keinen, der mit einem Krug heißer
Milch mit Honig
und meinen Lieblingszeitschriften
vorbeikommt,
wenn ich krank im Bett liege.

Ohne dich

hätte ich keinen, den ich tausendmal fragen
kann,
ob Er mich auch wirklich liebt.
Und keinen, der das Hin und Her meiner
Gefühle
geduldig begleitet, ohne gleich zu sagen:
Jetzt entscheide dich mal!

Ohne dich

wäre der ganz alltägliche Wahnsinn
manchmal nicht auszuhalten.
Wer sonst würde alles stehen und liegen
lassen,
um mir einen Tee zu kochen
und mir zu sagen: Klar, schaffst du das!

Ohne dich

würde ich weniger lachen
und weniger wagen.
Und ich würde mit Sicherheit weniger
warten,
wenn du mal wieder zu spät kommst.
Aber das nehme ich gerne in Kauf.

Liebe ist ein Tornado,
   Freundschaft ein ständig wehender Passat.

Gabrielle Sidonie Colette

Einfach weg

Komm, laß alles liegen, wir hauen ab!
Zusammen fahren wir ins Blaue,
suchen das Weite,
lassen uns vom Wind das Haar zerzausen.
Ganz weit weg von den bekannten
Wegen legen wir uns in Gras
und erzählen uns Geheimnisse.

Rosalie Tavernier

Es ist nicht Liebe, aber doch

Es ist nicht Liebe
Aber doch so ähnlich wie Liebe
Du erzählst mir deinen Kummer
Und ich sehe dich an und denke
Wie schön du bist
Trotz der Schatten unter deinen Augen
Und daß ein Sonnenstrahl
Sich gerade in deinem Haar verfängt
Und ich nehme dich in den Arm
Ganz fest und einen Moment länger als lang

Die zehn schönsten Filme
für einen Freundinnenabend

Grüne Tomaten

Aimée und Jaguar

Thelma und Louise

Bridget Jones

Blondinen bevorzugt

Freundinnen

Liebe um jeden Preis

Brot und Tulpen

Tatsächlich Liebe

Volver

Eine Freundin ist die Frau,
die an einem heißen Sommertag
vorbehaltlos
ihre letzte Cola mit dir teilt.

Die einsamste Frau auf der Welt ist eine
Frau, die keine gute Freundin hat.

Toni Morrison

Zwei wie Thelma und Louise

Liebe Freundin,
schon seit Stunden sitze ich am großen Wohn-
zimmertisch – ich wollte endlich einmal alle
Photos einkleben der letzten (wieviel? zehn?)
Jahre, und darüber ist es Nacht geworden, um
mich herum liegen Hunderte von Bildern.

So viele Erinnerungen sind mir aus den
Kartons entgegengekommen, schöne und trau-
rige, Augenblicke, die ich schon längst vergessen hatte. Und ich habe dich auf so vielen Photos gefunden! Mit einem Mal spürte ich so ein
Ziehen im Herzen, und am liebsten hätte ich
dich sofort angerufen, um dir zu sagen, daß du
immer eine gute Freundin gewesen bist, und
um dich zu fragen, ob du auch manchmal an
»unsere« Zeit denkst?

Diese Zeit des Umbruchs, als die Welt aus
den Fugen geraten war, und wir beide auf der

Suche nach dem Glück – zwei Abenteurerinnen ohne Netz und doppelten Boden.

Ich habe die Photos in die Hand genommen, eins nach dem anderen, und die Momente wurden wieder zu Geschichten von dir und mir.

Ich sehe dich und mich auf einem endlosen Spaziergang am Meer – allen Wettern trotzend, dem Alltag den Laufpaß gebend, die Freiheit erstreckt sich bis zum Horizont, nichts ist sicher, außer daß wir uns haben.

Männer kommen und gehen, Freundinnen bleiben, hast du gesagt, und dann haben wir eine heiße Schokolade getrunken, und du hattest Sahne an der Nasenspitze.

Ich sehe uns im Sommer am Frühstückstisch mit den Kindern, Vater-Mutter-Kind, nur daß der Vater fehlt. Wir haben alle noch unsere Nachthemden an und lächeln ungeschminkt und etwas verschlafen in die Kamera. Vor dir

steht ein Krug mit selbstgepflückten Bougain-
villea, es ist dein Geburtstag, und ich weiß noch,
daß du plötzlich geweint hast, als du mein Ge-
schenk auspacktest. Solche hab ich mir schon
immer gewünscht, hast du mit leiser Stimme
gesagt, und dir die Ohrringe angesteckt.

Ich sehe uns mit schwarz getuschten Augen und roten Lippen, trotzig, wunderschön,
bereit, die Welt zu erobern. Vergiß den
Kerl, hast du gesagt, als ich dir ein paar Stunden
vorher verheult die Tür aufmachte, wir gehen
jetzt aus und suchen dir einen netten Mann.

Ich sehe dich mit kurzen Haaren und blas-
sem Gesicht in unserem Lieblingscafé sitzen.
Du warst gerade beim Friseur. Wenn das so
weitergeht, hab ich bald keine Haare mehr auf
dem Kopf, hast du gesagt, dann mußt du mir
eine Mütze schenken.

Ich sehe dich mit üppig aufgesteckten Lok-
ken und roter Seidenjacke auf meiner Hoch-

zeit. Du bist ein bißchen verwackelt, weil du mich gerade umarmst, und von mir erkennt man nur zwei weiße Handschuhe und ein Stück vom Kleid. Deine Haare sind inzwischen ganz lang, und du bist mit deinem neuen Mann gekommen und hast mir dein altes Perlenarmband geliehen, weil das Glück bringt.

Und dann habe ich ganz unten in einer Kiste noch dieses eine grauenvolle Urlaubsphoto von uns gefunden, weißt du noch, das, was ich eigentlich schon wegwerfen wollte. Man sieht darauf unsere beiden Gesichter, ganz nah beieinander, vor einer alten, warmen Steinmauer am Hafen. Wir sehen aus wie zwei glückliche Hundertjährige mit Sonnenbrand. Die Abendsonne scheint uns in die Augen, läßt uns blinzeln, wir lachen breit und haben Falten. Nein, nicht wegschmeißen, hast du gesagt und mir das Photo aus der Hand gerissen, das sind doch Thelma und Louise!

Den Film hatten wir vor den Ferien zusammen im Kino gesehen, das Ende traf uns mit unvorbereiteter Wucht, und wir blieben noch eine lange Zeit im Dunklen sitzen, viel länger als alle anderen.

Eben bin ich auf den Balkon getreten, es ist ganz still draußen, man könnte meinen, man sei allein auf der Welt. Ich habe in den Himmel geschaut und an all die Jahre gedacht, als wir uns so nahe waren und immer füreinander da.

Gott sei Dank sind wir nicht zusammen in einen Canyon gerast. Das Leben hat es gut gemeint mit uns, und jede hat am Ende des Weges gefunden, wonach sie suchte. Die Liebe hat noch einmal ihre Arme für uns geöffnet, wir sind angekommen. Wir sehen uns selten und telefonieren ab und zu. Die Tage sind ausgefüllt, die Wochen vergehen, jeder lebt sein Leben, wie man so sagt.

Alles hat seine Zeit. Ich weiß, daß du glücklich bist, und ich, ich bin es auch.

Aber manchmal, so wie gerade jetzt, wünsche ich mir die Freundinnen von damals zurück, wenigstens für einen Moment.

Und ich frage mich, was wohl passieren würde, wenn ich dich wirklich anriefe, mitten in der Nacht, um dir zu sagen, daß du mir fehlst?

Es sind die Freunde,
die du nachts um vier Uhr anrufen kannst,
die wirklich zählen.

Marlene Dietrich

Lieblingsbücher für die Herzensfreundin

Lily Brett, *Chuzpe*

Mario Vargas Llosa,
   Tante Julia und der Kunstschreiber

Nicole Kraus, *Die Geschichte der Liebe*

Carole Glicksfeld, *Herzweh*

Jane Urquhart, *Fort*

John Irving, *Witwe für ein Jahr*

Evelyn Scott, *Auf der Flucht*

Wally Lamb, *Die Musik der Wale*

Haruki Murakami, *Naokos Lächeln*

Linn Ullmann, *Die Lügnerin*

Freundschaft ist für mich etwas
sehr Emotionales.
Der Kern ist Liebe,
ein ganz tiefes Gefühl für jemanden.
Die Basis ist das Vertrauen
und die Möglichkeit,
sich selbst zu öffnen,
seine eigene Verletzlichkeit zu zeigen,
zu geben und zu helfen, ohne zu fragen.

Joelle Bernard

Meine Freundin

Meine Freundin rief mich an, komm schnell, sagte sie. Ihr Freund Karl lag unter dem Weihnachtsbaum. Ich kann nicht anders, sagte er und grinste, die andere vögelt einfach besser, so ist es nun mal. O Gott, sagte meine Freundin zu mir, hörst du das? Hast du das gehört?

Ich war schwanger, meine Freundin verband mir die Augen und führte mich zu zwei Stühlen mit Kissen, setz dich, sagte sie, vorsichtig setzte ich mich. Sie klatschte in die Hände und rief, es wird ein Mädchen, hurra! Unter dem Kissen, auf das ich mich gesetzt hatte, lag eine Schere. Unter dem anderen ein Messer.

Meine Freundin fuhr in seinem Auto an mir vorbei, sie hielt mitten auf der Straße an, sprang heraus, lief auf mich zu, ihre Augen weit aufgerissen, ihre Haare wehten hinter ihr her.

Wir heiraten! rief sie. Stell dir vor, wir heiraten!

Wir saßen zusammen auf einem Spielplatz, mein Kind grub im Sand. Ich mache jetzt eine Atemtherapie, sagte meine Freundin. Ich habe festgestellt, daß ich meine Mutter hasse.

Das weißt du doch schon lange, sagte ich und stand auf, um meinen Sohn auf die Wippe zu heben.

Ja, sagte sie, aber nicht mit dieser Heftigkeit. Wenn ich atme, fange ich ganz plötzlich an zu schluchzen, so wie in meiner Kindheit, genau so.

Was haßt du an deiner Mutter? fragte ich und zitterte bei dem Gedanken, daß mein Kind mich einmal so hassen könnte.

Sie hat uns einfach nicht wahrgenommen, sagte meine Freundin, es gibt Photos von ihr, wie sie mit einer Zigarette in der Hand auf der Terrasse sitzt und in die Ferne starrt, und hinter ihr kriechen drei Kinder im Gras herum. Mit zwei Jahren bin ich aus dem Haus gelaufen, die Straße hinunter, und sie hat es erst eine Stunde später bemerkt.

Vielleicht war sie überfordert, sagte ich und trug mein Kind zur Schaukel.

Vielleicht, sagte meine Freundin, aber dann hätte sie uns nicht haben sollen. Sie ist mein eigentliches Problem, ich schätze, deshalb wollte ich mit Karl keine Kinder. Nein, eigentlich war es Karl, der keine Kinder wollte ... er wollte nicht abhängig sein, du kennst ihn ja.

Was sie weiter sagte, verstand ich nicht, denn ich mußte mein Kind auf der Schaukel anschubsen, siebenundneunzigmal. Back noch einen Kuchen, sagte ich zu meinem

Kind und setzte mich neben meine Freundin auf die Bank.

Jetzt erzähl noch mal genau, sagte ich.

Ach, sagte meine Freundin, es interessiert dich ja doch nicht.

Doch, sagte ich, doch, ganz bestimmt.

Als ich mich umblickte, war mein Kind verschwunden. Wir fanden es wieder im Wohnzimmer fremder Leute, es war durch die Terrassentür hereingekommen, es saß auf einer Ledercouch neben einer Frau in einem Kleid mit Sonnenblumenmuster, es wirkte glücklich.

Meine Freundin ist Schauspielerin, aber keine besonders gute. Sie spielt in Fernsehserien meistens die beste Freundin der Hauptdarstellerin, und das bekümmert sie. Sie ruft mich an, wenn sie im Fernsehen zu sehen ist, und wenn es vorbei ist, ruft sie mich wieder an.

Na? sagt sie.

Du warst gut, wie immer, sage ich

Naja, sagt sie, es war eine beschissene Rolle.

Sie hat mir beigebracht, wie man einen Rost-braten macht und daß man schneller ab-nimmt, wenn man in der Früh Ananassaft trinkt.

Wir kennen uns seit fast zwanzig Jahren. Als ich sie kennenlernte, war sie immer gut gelaunt und lachte ein bißchen zu viel und zu laut. Sie trug bunte, ausgeflippte Kleider, gestreifte und gepunktete Muster zusammen, in rot und rosa, grün und blau, als es sonst noch niemand tat, sie hatte als einzige einen festen Freund. Sie wohnte allein mit Karl in einer eigenen Wohnung, als ich noch in Wohngemeinschaften hauste. Sie besaß eine Waschmaschine, einen Eßtisch und eine Sa-latschleuder. Sie war politisch aktiv und ich nicht. Sie demonstrierte immer noch, als es sonst niemand mehr tat.

Meine Freundin rief mich an, komm schnell, sagte sie, komm schnell.

Karl, früher ihr Freund, jetzt ihr Ehemann, saß auf der Couch, der Fernseher lief.

Es tut mir leid, sagte er, es hat halt nicht funktioniert.

Dieselbe Frau? fragte ich meine Freundin. Sie nickte.

Was wirst du tun? fragte ich ihn. Meine Freundin heulte.

Ich werde ausziehen, sagte er, gleich morgen.

Tagelang ging sie nicht ans Telefon. Ich hinterließ lange Nachrichten auf ihrem Anrufbeantworter. Er ist ein Schwein, sagte ich, er ist deiner nicht wert, er soll hingehen, wo der Pfeffer wächst, du hast das nicht nötig. Ich könnte ihn verprügeln, dieses Schwein, dieses Schwein. Was denkt er sich dabei? Das kann er mit dir nicht machen. Du wirst sehen, er kommt wieder angewinselt, wenn es ihm langweilig wird im Bett mit der anderen.

Sie rief nicht mehr an. Ich ging zu dem Haus, in dem sie wohnte, die Scheiben waren schwarz zugemalt. Nach langem Klingeln öffnete sie mir schließlich, sie trug schwarz, die Wohnung sah aus wie ein Trümmerfeld. Mit schwarzem Autolack hatte sie alles besprüht, was ihm gehörte, seine Anzüge, seinen Fernseher, seine Bücher, selbst sein Lieblingsjoghurt im Kühlschrank, das sie noch für ihn gekauft hatte.

Er ist erst heute früh gegangen, sagte sie, er hat all deine Nachrichten auf dem Anrufbeantworter gehört.

Wir lachten hysterisch, wir fingen beide wieder an zu rauchen, obwohl wir vor Jahren aufgehört hatten.

Jetzt bin ich alt und allein, sagte sie, und er ist jung und nicht allein.

Blödsinn, sagte ich.

Dabei sind wir gleich alt, sagte sie, ist das nicht seltsam?

Als Studentin ging meine Freundin drei Monate als Au-pair-Mädchen nach England. Ich werde nie Kinder haben, schrieb sie mir, du glaubst nicht, wie *langweilig* sie sind. Sie erzählte mir von der Mutter, die ging vormittags Golfspielen, und nachmittags weinte sie hinter verschlossenen Türen.

Einmal war sie zu mir, in mein winziges Zimmer gezogen, sie hatte sich mit Karl gestritten, das war ganz am Anfang. Sie schlief, ohne sich zu bewegen, und wenn sie morgens aufwachte, war sie hellwach. Darum beneidete ich sie. In einer Ecke des Zimmers breitete sie sorgfältig die wenigen Dinge aus, die sie mitgebracht hatte, sie feilte sich jeden Tag die Nägel und cremte sich ein.

Meine Freundin schleppte mich mit zu ihrer Yogalehrerin, diese Frau hat mich gerettet, sagte sie zu mir, ich wüßte nicht, wo ich ohne sie wäre.

Die Yogalehrerin lächelte milde, sie war mindestens fünfundsechzig Jahre alt und trug einen weißen Bodystocking, an den Füßen selbstgehäkelte Slipper und um die Schultern ein Dreiecktuch aus dem gleichen Material.

Ich bin eine alte Frau, sagte sie zu mir, aber ich werde physisch jedes Jahr ein Jahr jünger.

Das klingt gut, sagte ich.

Yoga, sagte sie. Sie bestand nur aus Sehnen, Knochen und Haut, ein kleines Bäuchlein saß auf ihrem Mittelteil wie eine im fünften Monat stehengebliebene Schwangerschaft.

Schließen Sie die Augen, atmen Sie tief ein, bis zur Schädeldecke, bis zum Kopf, sagte sie, atmen Sie aus, was Sie dem Wesen nach sind.

Ich wußte nicht, was ich bin.

Jedes Stück Fleisch, das Sie essen, ist ein Verbrechen, sagte sie, jede Krankheit ist ein Ernährungsfehler.

Meine Freundin nickte. Sie konnte bereits den Kopfstand.

Manchmal halte ich meine Freundin für nicht besonders intelligent.

Ich sah Karl auf der Straße mit einer dünnen kleinen Frau, er schob einen Buggy, darin saß ein dickes Kind mit buntem Schnuller.

Oh, hallo, sagte er, wie geht's?

Gut, sagte ich, ich glaube, gut.

Meiner Freundin erzählte ich nichts davon.

Nach Karl verliebte sie sich nacheinander in einen deutschen Konditor, einen fünf-

undzwanzigjährigen italienischen Rocksän-
ger, einen türkischen Weltmeister im Kick-
Boxen.

Der Kick-Boxer gefiel mir am besten, er
hatte lange, immer frisch gewaschene Haare
und konnte sehr komisch sein. Er liebte meine Freundin zärtlich, aus seinem schwarzen
Mercedes rief er sie von überall her an.

Sie trennte sich von ihm, weil er nicht
auf ihrem intellektuellen Niveau war, wie sie
sagte.

Du bist blöd, sagte ich.

Einmal war sie mit Karl zu meinem Mann und
mir zum Abendessen gekommen. Die Männer
schwiegen sich an, meine Freundin und ich
sprachen mit hoher Stimme über Dinge, über
die wir sonst nie sprachen. Der Spargel war
bitter und der Schinken zu salzig. Das erwähn-
te niemand.

Als ich mich mit Anfang Zwanzig unglücklich verliebt hatte, trafen wir uns jeden Vormittag bei ihr in der Wohnung, und ich weinte. Sie gab mir Tee und nichts zu essen. Sie hörte mir zu und sagte nicht: Verlaß diesen Mann. Dafür liebte ich sie.

Wir saßen an einem See und sahen meinem Sohn zu, wie er plantschte. Kinder mit bunten Schwimmflügelchen umschwirrten uns wie Insekten. Ein Radio neben uns plärrte laut *Je t'aime*. Wir sangen und keuchten beide mit: »Je vais et je viens entre tes reins – viens, maintenant viens!« Wir wälzten uns vor Lachen auf unseren Handtüchern. Die Mütter neben uns pusteten Schwimmflügel auf, cremten ihre Kinder ein und blätterten in der *Freundin*.

Ich möchte auch ein Kind, sagte meine Freundin. Dann sagte sie: Karl hat mich angerufen und mir gesagt, wie sehr er mich ver-

mißt, vor allem unsere Gespräche ... Er hat
mit ihr ein Kind, stell dir vor.

Das darf doch nicht wahr sein, sagte ich.

Und mir hat er erzählt, er wolle kein Kind,
niemals, auf keinen Fall. Sie fing an zu wei-
nen, stand auf und lief ins Wasser. Ich sah ihr
nach, sie hat noch eine viel bessere Figur als
ich, sie ist keine Mutter, dachte ich.

Wir machten zusammen Diät, als wir noch jung und schön waren. Wir aßen vier Wochen lang Spirulina, kleine grüne Pillen, die nach Moos rochen und muffig schmeckten.

Einmal verbrachte ich eine Nacht mit einem wildfremden Mann, und als ich am Morgen sein Haus verließ, lief ich sofort zu meiner Freundin und erzählte ihr von seinen wundersamen, außerordentlichen Fähigkeiten. Mein Körper glühte noch nach wie eine heiße Herdplatte.

Sie ging im Bademantel, frischgeduscht und kühl in der Küche auf und ab, Karl war gerade zur Arbeit gegangen, sie hörte mir abwesend zu, dann zeigte sie mir ihre neue Espressomaschine.

Ich bin keine gute Schauspielerin, sagte meine Freundin, sag mir die Wahrheit!

So ein Quatsch, sagte ich, du bist phanta-
stisch, wirklich wahr.

Sie sah mich mißtrauisch an.

Sagst du auch wirklich die Wahrheit? sagte
sie.

Na, hör mal.

Ich wollte nicht wissen, wer ich in einem ver-
gangenen Leben war, aber sie redete so lange
auf mich ein, bis ich schließlich mitging.

Die Hellseherin sah aus wie die verarmte Zwillingsschwester von Liz Taylor, sie hatte ihre schwarz gefärbten Haare zu einem riesigen Nest aufgetürmt, das sich bei keiner Bewegung auch nur im geringsten bewegte. Sie trug goldene Ohrringe, ein getigertes glänzendes Hemd und eine getigerte Hose. Ihr Freund, ein ägyptischer Geschäftsmann im dreiteiligen Anzug, saß auf der ebenfalls getigerten Couch. Wenn Sie wollen, geht er, sagte Liz Taylor die Zweite.

O nein, sagten meine Freundin und ich wie aus einem Munde, er stört überhaupt nicht.

Er ist eine Reinkarnation von Alexander dem Großen, sagte Liz II., deshalb ist er oft so unruhig, dann muß er wieder verreisen. Ich weiß das und lasse ihn ziehen, darin liegt das Geheimnis einer guten Beziehung. Haben Sie etwas verloren, ein Portemonnaie, Ihre Brieftasche? fragte sie mich.

Nein, antwortete ich, um mich geht es hier nicht, sondern um meine Freundin.

Als sie meiner Freundin über ihre Reinkarnation erzählte, mußte ich das Zimmer verlassen. Alexander der Große durfte bleiben.

Ich habe Karl als meinen Freund betrachtet, sagte meine Freundin, das war ein Fehler. Vielleicht hat Sex doch nichts mit Liebe zu tun. Je fremder man sich ist, um so aufregender ist es, weil ein fremder Körper ein unschuldiger Körper ist. Wenn man den Körper des anderen ständig vor Augen hat, wird er einem peinlich in all seiner erbärmlichen Alltäglichkeit. Aber ich bin auch faul geworden. Dieser Umstand! Diese Anstrengung! Gibt es nicht statt dessen was Schönes im Fernsehen? Das habe ich oft gedacht, wirklich. Denkst du das nie?

Doch, sagte ich, doch.

Siehst du, sagte sie.

Meine Freundin ohrfeigte einen Kritiker auf offener Straße. Er hatte über sie geschrieben, sie habe keinerlei Ausstrahlung und den Sex-Appeal eines Dachgepäckträgers. Diese Ohrfeige kostete sie über eintausend Mark Strafe und machte sie kurzfristig berühmter als all ihre Rollen.

Sie lieh mir großzügig ihre Kleider, ich ihr meine nie. Ihre Kleider rochen immer nach *Ma Griffe*, leicht und lustig.

Als Karl sie verließ, wechselte sie zu einem schweren, süßen Duft, der mich immer ein wenig an eine katholische Kirche erinnerte. Sie färbte sich die Haare nicht mehr. Ich wußte gar nicht, daß ich schon so viele graue Haare habe, sagte sie, aber oben auf dem Kopf stören sie mich nicht, wenn man erst unten grau wird, dann ist man alt. Da werde ich wieder anfangen, mir die Haare zu färben, das sage ich dir.

Einmal rief ich sie an, komm schnell, sagte ich, komm schnell, sonst verlasse ich meine Familie und komme nie mehr zurück.

Red keinen Blödsinn, sagte sie, das machst du ja doch nicht, ich komme nach meiner Atemtherapie.

Als sie dann vor der Tür stand, war scheinbar alles bereits vergessen, meine Tränen waren getrocknet, nur meine Haut im Gesicht spannte noch ein wenig.

Siehst du, sagte sie.

Dafür haßte ich sie.

Meine Freundin und ich saßen an ihrem Tisch, sie hatte meinen Sohn auf dem Schoß, auf der geblümten Tischdecke Teller mit Käsekuchen, Schwarzwälder Kirsch und Mokkasahne, in der Mitte des Tisches der Schwangerschaftstest. Stumm sahen wir zu, wie der kleine Plastikstreifen sich rosa verfärbte.

O Gott, stöhnte ich, alles noch einmal von vorn.

Es ist nicht fair, sagte sie, du darfst zweimal und ich keinmal.

Sag das nicht, du wirst sehen ...

Sie sah mich an und strich sich die grauen Haare mit zwei schnellen, harten Bewegungen aus dem Gesicht.

Nichts wird sein, sagte sie. Ich muß mich endlich daran gewöhnen. Nichts wird sein.

Ich nahm sie in den Arm. Sie fühlte sich weich an, weicher als früher. Glaub bloß nicht, daß ich heule, sagte sie, Liz die Zweite hat mir gesagt, ich sei die Reinkarnation eines Delphins.

Sie verliebte sich in einen Bankfilialleiter aus Bad Tölz, von da an trug sie Dirndl, ich erkannte sie kaum wieder.

Wie kannst du nur? fragte ich.

Die Liebe, grinste sie.

Ich weiß nicht mehr, wer du bist, beklagte ich mich.

Es ist bloß ein Kleid, sagte sie. Und wenn wir bei seinen Eltern sind, gehöre ich sofort dazu.

Als der Bankfilialleiter sie wegen einer Kassiererin aus der eigenen Bank sitzenließ, lud sie mich zu einem Picknick in eine Kiesgrube ein. Es gab Champagner und wir verbrannten die Dirndl.

Auf Gomera, in den Ferien mit meinen beiden Kindern, sah ich eine Frau am Strand, sie war um die Vierzig, ihre tiefgebräunte Haut straff über ihre Knochen gespannt wie über eine Trommel, ihr Körper bereit zum Sprung. Sie trug ein zerknittertes Kleid, hatte einen zusammengerollten Schlafsack dabei und eine alte, zerfetzte Tasche. Aus kleinen Gläsern trank sie Carlos Primero, aus ihrer Tasche holte sie eine gelbe Schwimmweste mit dem Aufdruck: *Please don't remove from aircraft*. Sie streifte die Weste über ihr Kleid und saugte abwesend an dem Luftstutzen. Sie hob den Kopf und sah über das Meer. Laut, und zu niemand Bestimmtem, sagte sie: Ihr Arschlöcher! Sie erinnerte mich an meine Freundin. Dafür schämte ich mich.

Doris Dörrie

Ich habe die Erfahrung gemacht,
daß Frauen gewitzt und stark sind,
in einer Gemeinschaft ohne Männer
leben können
und Männer im Grunde auch kaum
brauchen.

Anna Quindlen

Schuhe

Natürlich kann man mit ihr
auch Schuhe kaufen.
Aber wer denkt, das sei das Wesentliche,
hat nichts verstanden.

Ausgelassen

Jeder andere würde
den Kopf schütteln,
wenn ich ausgelassen wie ein Kind,
übermütig vor Freude
auf dem Rasen tanze.
Aber du stellst dich neben mich
und tanzt einfach mit.

Als wir uns begegneten

Die meisten Dinge im Leben verändern sich langsam und ohne daß wir es bemerken. Jedenfalls bemerken wir es nicht sofort. Am Ende tun sich die vielen kleinen Pinselstriche zu einem ganzen Bild zusammen und wir stehen davor – überrascht, erstaunt, erfreut oder auch traurig. Wir könnten gar nicht sagen, wann genau es geschah. Aber das ist nicht immer so. Es gibt auch jene einschneidenden Momente, in denen sich plötzlich alles ändert.

Ein Blick und die Welt steht Kopf. Ein Anruf und nichts ist mehr, wie es war. Eine Nacht und aus zwei Fremden werden Freunde.

Ich kann nicht mehr genau sagen, wann ich ihr das erste Mal begegnete, aber ich erinnere mich noch genau an die Nacht, als wir Freundinnen wurden.

Es war kalt in jenem Winter. Den ganzen Tag über lag der Geruch von Schnee in der Luft. Es war Freitag, und ich war allein zu Hause, mein Mann verreist, mein Kind bei den Großeltern. Heute frage ich mich, ob es ein Zufall war, daß die Wohnung an diesem Wochenende mir allein gehörte, und ob es nicht doch einen Plan des Universums gibt, der dafür Sorge trägt, daß sich eine neue Tür öffnet, wenn eine andere sich für immer schließt.

Mag sein, daß ich sie sogar an diesem Tag im Treppenhaus gesehen hatte, als sie, wie so oft, mit einem Weidenkorb und einer großen Thermoskanne mit Kaffee unterwegs war ins Krankenhaus, um ihren Vater zu besuchen, vielleicht war das aber auch an einem anderen Tag davor, die Tage verschwimmen in dieser Zeit, und obwohl sie sich ein paar Monate zuvor als meine neue Nachbarin vorgestellt hatte, ihr kleines Mädchen mit den dunklen Haarschnecken auf dem Arm, wußte ich nichts von ihr, oder jedenfalls nicht viel. Ich war sehr beschäftigt mit meinem eigenen Leben, das sich zwischen Kind, Beruf und gelegentlichen Streitereien zu Hause bewegte.

Sozusagen im Vorübergehen hatte ich mitbekommen, daß sie nicht ohne Grund die Wohnung unter mir bezogen hatte. Manchmal, wenn ich die Blumen goss, sah ich sie auf dem Balkon in einer großen Plastikmuschel voller Sand sitzen und mit ihrer Tochter spielen, geduldig, vornüber gebeugt, sich ab und zu eine blonde Haarsträhne zurückstreichend, nicht ganz bei der Sache.

Ihr Mann hatte sie betrogen, sie hatte ihn verlassen, und am Wochenende war das Mädchen bei seinem Vater, und ich hörte das leise Surren der elektrischen Trockenhaube, wenn sie sich die langen Haare aufdrehte, um auszugehen. Gelegentlich traf man sich im Keller, wo die Waschmaschinen standen, und wechselte ein paar Worte. Ein- oder zweimal hatten wir einen Kaffee zusammen getrunken, in der Art, wie man es mit Nachbarinnen macht, die einem sympathisch sind, für die aber am Ende die Zeit fehlt, um wirklich Freundschaft zu schließen: »Wollen Sie nicht eben reinkommen? Auf einen Kaffee?«

Irgendwann, zwischen Sommer und Winter hatte ich ihr zwischen Tür und Angel das »Du« angeboten, es wohnten damals viele jüngere Leute im Haus, und es herrschte ein lockerer Ton. Sie hieß Felicitas und fügte mit einem schiefen Grinsen hinzu, daß sie ihren Namen nicht besonders mochte.

In jener Nacht im Winter aber, von der ich erzählen will und die mir noch genau vor Augen steht, obwohl das alles jetzt schon so viele Jahre zurückliegt und sich so vieles verändert hat seither, begegneten wir uns wirklich.

Ich war, berauscht vom Alleinsein und einem wunderbar ruhigen Lesenachmittag auf dem Sofa, am Abend in den Keller gestiegen, um in meinem kleinen Holzverschlag zwischen Kisten, alten Mänteln, die ein wenig modrig rochen, und allerlei Erinnerungsgerümpel nach meiner alten Kasserole zu suchen. Ich hatte in einem meiner selten benutzten Kochbücher geblättert und mir irgendein Gänseschmausgericht ausgesucht, das ich am Wochenende zubereiten wollte, und war mir sicher, daß der alte schwarze Schmortopf sich irgendwo hinter den aufgetürmten Kartons verbarg.

Leise schimpfend arbeitete ich mich bis in den hintersten Winkel des kleinen Holzverschlags vor – wie immer war das, was man suchte, am schwersten zu bekommen. »Himmel, ist das kalt hier, wo ist nur dieser verdammte Bräter«, fluchte ich vor mich hin und kletterte waghalsig auf ein paar übereinander gestapelte Kartons, um dahinter schauen zu können. Ich erspähte gerade einen verstaubten schwarzen Deckel hinter einem Paar Skischuhen, da hörte ich ein Geräusch.

Ich drehte mich kurz um und sah Felicitas im schwach beleuchteten Flur des Kellers stehen. Wenn ich mich heute eines frage, dann dies: Was machte sie an jenem Abend eigentlich im Keller? Ich kann mich nicht erinnern, daß sie wie sonst einen Wäschekorb in den Händen hielt, aber ich erinnere mich noch sehr genau, daß ich so etwas rief wie: »Ach, hallo, ich suche hier gerade meinen Bräter!« Meine lauten Worte fielen wie polternde Steine in einen stillen See. Ich hatte mich bereits wieder weggedreht und streckte gerade die Hand aus, um meinen Fund an mich zu ziehen, als ich es spürte. Diese merkwürdige Stille in meinem Rücken.

Ich zog die Hand zurück und drehte mich noch einmal um.

Sie stand ganz reglos da, das Licht der Deckenlampe fiel auf ihre Hand, die einen Schlüsselbund hielt und unmerklich zitterte. Nichts war zu hören außer dem leisen Klacken der Schlüssel, die gegeneinanderstießen. Wie lange hatte sie schon so dagestanden? Ich trat aus dem Kellerabteil heraus und erschrak, als ich die abgrundtiefe Leere in ihrem Blick sah.

»Was ist passiert?« fragte ich.

Sie antwortete nicht sofort, und wir standen uns einen Moment lang schweigend gegenüber, es war sehr kalt.

»Mein Vater ist gerade gestorben«, sagte sie.

»Mein Gott«, sagte ich und schämte mich sofort für meine unpassende Fröhlichkeit, die das Unglück nicht gleich bemerkt hatte, für dieses groteske Aufeinanderprallen von Banalem und Tragischen.

»Mein Gott, das ist ja furchtbar. Und ich rede hier von Brätern.« Unwillkürlich faßte ich nach ihrem Arm. Sie bewegte sich nicht.

»Ja«, sagte sie einfach und sah mich mit übergroßen Augen an. Sie weinte nicht, und ich spürte, wie mein Herz in dieser Stille klopfte, die kaum zu ertragen war.

»Das Krankenhaus hat angerufen. Ich war da. Er hat so gekämpft. Er wollte nicht sterben. Er hat so gekämpft ...«, wiederholte sie noch einmal, diesmal für sich selbst. Wie sie da stand, erinnerte sie mich an diese Menschen aus Kriegsgebieten, die man manchmal auf Photos sieht – fassungslos stehen sie vor dem Trümmerhaufen, der eben noch ihr Haus gewesen ist, ihr Zuhause.

»Das mußt du mir doch nicht hier unten im Keller erzählen. Komm mit zu mir, ich bin allein.« Ich machte den Kellerverschlag zu, nahm ihre kalte Hand und zog sie mit mir fort, nach oben, in meine warme Wohnung.

Ich setzte mich zu ihr auf das Sofa, ganz nah, viel näher, als ich ihr jemals gekommen war. Zum ersten Mal bemerkte ich das tiefe Blau ihrer Augen, das ihr Gesicht noch blasser erscheinen ließ. Der ganze Raum war erfüllt von Traurigkeit und der leisen Musik von Ravel. Ich hatte meine Anlage angelassen, als ich in den Keller gegangen war, und stand nun vorsichtig auf, um sie auszumachen.

In meiner hilflosen Befangenheit drückte ich aus Versehen auf den Knopf, der bewirkt, daß ein Stück immer wieder von vorn gespielt wird. Ich merkte es nicht einmal. Ich glaube, ich vergaß sogar, ihr einen Kaffee oder einen Tee anzubieten, die höfliche Form fiel von mir ab wie ein Cape, und darunter blieb nur die Angst, sie allein auf diesem Sofa zu lassen, und sei es auch nur für kurze Zeit.

Allmählich löste sich ihre Erstarrung, sie fing an zu reden, und ich hörte ihr zu. Die zauberischen Klänge der *Pavane für eine tote Infantin* hüllten uns ein. Sie erzählte von den letzten Stunden ihres Vaters, der seit ein paar Monaten Krebs gehabt hatte, eine besonders aggressive Art von Krebs. Ein stattlicher Mann, der Marathonläufer gewesen war, der sich immer um sie gekümmert hatte, auch als die Mutter fortging, und der ein Leben lang versucht hatte, dem Tod davonzulaufen. Ich hörte zu und sah die einzelnen Bilder vor mir wie einen Film: wie die Organe versagten, eins nach dem anderen, wie der Vater, sterbend und in Panik, alle Geräte forderte, um zu retten, was unrettbar verloren war, was jeder sah – auch der junge Pfleger, der die Rollbahre schob, als sie zusammen durch die nächtlichen Krankenhausflure rannten, um noch zur Dialyse zu kommen. Wie sie den Vater beschwor, er möge es gut sein lassen, möge doch loslassen. Wie er sich wehrte, nicht gehen wollte, sein starkes Herz, das Herz eines Marathonläufers, das weiter schlug, solange es eben ging, bis es am Ende dann doch stillstand.

Ich hörte ihr zu und dachte dabei, in was für einer seltsamen Welt wir leben, in der die schlimmsten Nachrichten uns am Telefon erreichen, manchmal der Tod selbst, ohne Gnade, und wir ohnmächtig ein Stück Plastik umklammern, das uns nicht trösten kann und das in keinster Weise der Katastrophe Rechnung trägt, die soeben über uns hereingebrochen ist.

»Es war schlimm«, sagte sie, ihr ernster Blick ruhte unverwandt auf mir, und ich glaubte die Risse zu sehen, durch die mein Herz den Weg fand zu ihrem Herzen.

»Ja, es war schlimm«, sagte ich. »Der Tod *ist* schlimm. Aber du und dein Vater – ihr habt euch geliebt, es stand nichts zwischen euch. Du wirst sehen, das macht es leichter. Und irgendwann wirst du nicht mehr an sein furchtbares Ende denken, nur noch daran, daß es schön war mit ihm.«

»Jetzt bin ich ganz allein«, sagte sie.

»Aber nein«, sagte ich, »nein.« Ich nahm sie in den Arm und hielt sie eine Weile. Sie lächelte schmerzlich. Es war das erste Mal an diesem Abend, daß ich sie lächeln sah. Ihr Mund war so nah, ich bemerkte, wie weich und verletzlich er war, und es rührte mich zutiefst.

Vielleicht auch deswegen, weil wir alle im Grunde so verletzliche Wesen sind, auch wenn wir das oft genug vergessen.

Wir redeten sehr lange in jener Nacht. Vom Tod und auch vom Leben. Wir saßen da, im sicheren Kokon einer Zeitschleife, die nicht enden wollte, auf wundersame Weise miteinander vertraut, und die zarte, wehmütige Melodie der *Pavane*, deren Ende zugleich auch immer wieder ihr Anfang war, schwebte zu uns herüber.

Noch heute kann ich dieses Stück nicht hören, ohne an jene Unglücksnacht zu denken, die doch ihren ganz eigenen Zauber hatte, jene Nacht, in der außerordentliche Umstände uns zu Freundinnen machte.

Es waren kostbare Stunden damals, sie wogen schwer. Schwerer als der Tod sogar. Und trotz allen Leids fühlten wir beide wohl so etwas wie Glück, als wir uns voneinander verabschiedeten.

Bevor sie die Treppe zu ihrer Wohnung hinunterging, kam sie noch einmal zu mir zurück und sagte: »Egal, was das Leben noch mit uns beiden vorhat – ich werde dich niemals vergessen. Denn du wirst immer diejenige sein, die bei mir war, in der Nacht, als mein Vater starb.«

Ich blieb draußen stehen, bis ich das leise Einrasten ihrer Wohnungstür hörte. Dann schloß auch ich meine Tür.

Ich trat ans Fenster, sah in die Schneeflokken, die vom nächtlichen Himmel wirbelten, und dachte an meine Toten. Jene Menschen, die ich so sehr geliebt hatte. Und an die Zuwendung, die Freundschaft, die Liebe, die in den dunkelsten Stunden meines Lebens oft von völlig unerwarteter Seite gekommen waren, auch für mich. Ich stand noch lange da, erfüllt von einem großen Frieden und der plötzlichen Gewißheit, daß unsere Toten, wo immer sie auch sind, darauf achten, daß ein neuer Mensch uns seine Hand entgegenstreckt, wenn wir die vertraute Hand eines anderen loslassen müssen. Diesmal war ich diejenige gewesen, die in dem unendlichen Reigen eine verzagte Hand ergriffen hatte, ohne zu zögern.

Und darüber war ich sehr froh.

Später einmal

In vielen Jahren, bald schon
möchte ich mit dir am Meer
entlangspazieren,
mit wehenden Kleidern,
die Schuhe in der Hand.
Den fließenden Sand
unter den Füßen spüren,
noch einmal davon sprechen, wie es war.
Neue Pläne schmieden
in der Abendsonne
und die alte Strandbude suchen,
du weißt schon,
die, wo der Kaffee immer so gut schmeckte.

ISBN 978-3-85179-124-2

6. Auflage 2020

© 2010 Thiele Verlag in der
Thiele & Brandstätter Verlag GmbH,
München und Wien

Umschlaggestaltung: Christina Krutz, Biebesheim am Rhein
Umschlagbild: Daniela Thiele
Bildredaktion: Renaissance Books, München
Layout und Satz:
Christine Paxmann text • konzept • grafik, München
Druck und Bindung: Buch Theiss, St. Stefan im Lavanttal

www.thiele-verlag.com